융합논술 전통문화 _ 생명의 탄생 신화

삼신할머니

우리나라에는 옛날부터 전해 오는 전통문화 이야기가 참 많아요. 이야기는 산 넘고 물 건너, 긴 시간도 훌쩍 뛰어넘어 지금도 우리에게 신나는 상상의 보따리를 선물해 주지요.

이 책 『삼신할머니』는 예부터 한국인의 삶에 녹아 있는 생명신, '삼신'에 대한 한국 신화를 토대로 재창작한 이야기예요. 어린이의 눈높이에 맞춘 입말체와 이야기 구성으로 우리 문화의 가치를 이해하고, 쉽고 재미있게 이야기를 즐길 수 있답니다.

아무리 다양한 곡물과 여러 재료가 있어도, 그것들을 절구에 담아 절굿공이로 정성스레 찧거나 빻지 않으면 차진 떡을 맛볼 수 없지요. 이룸아이가 야무진 절굿공이가 되어 흩어져 있는 전통문화 이야기를 모아 차지고, 맛깔나게 빚은 이야기, '융합논술 전통문화 그림책' 시리즈입니다.

절굿공이: 곡식을 찧을 때 절구와 함께 쓰는 나무나 돌로 만든 도구

삼신

아기를 낳고 기르는 일을 관장하는 신. 산신•삼신•삼신할머니•삼승할망이라고도 해요. 병원도, 약도 없던 아주 먼 옛날, 우리 조상은 삼신이 아기를 태어나고 자라게 돕는다고 믿었어요. 그래서 아기의 건강과 앞날을 위해, 또 아기를 낳은 산모의 건강을 위해 삼신에게 빌고 또 빌었지요. 삼신은 아기와 산모를 지키고자 했던, 신에 대한 소박한 믿음이 담긴 한국의 소중한 옛 문화랍니다.

삼신할머니

이룸아이
ERUM I BOOK

옛날 서천골에 석이라는 아이가 살았습니다.
이웃집은 북적댔지만, 석이네는 늘 조용했어요.
석이가 외둥이였거든요.

석이는 혼자인 게 참 좋았어요.
맛있는 음식도, 예쁜 색동옷도
모두 석이 차지였으니까요.

그런데 언제부턴가 석이는 외둥이인 것이 싫어졌답니다.
기쁠 때도 혼자, 놀 때도 혼자,
혼자서는 하나도 신이 나지 않았어요.

‘나한테도 형이나 동생이 있다면 얼마나 좋을까?’

석이는 엄마에게 달려갔어요.
"동생 낳아 주세요!"
"석아, 아기는 삼신할머니가 도와주셔야 낳을 수 있어."
'삼신할머니? 할머니 친군가?'
석이는 할머니에게 또 쪼르르 달려갔어요.

"오호라, 우리 석이가 동생을 갖고 싶은 게로구나?
삼신할머니는 아기를 점지*해 주시는 신이야.
정성껏 기도하면, 우리 석이한테 동생 하나 주실지도 모르지."

*점지: 신이 사람에게 아기를 갖게 하여 줌.

그러던 어느 날 새벽이었어요.

엄마가 음식을 만들고 나갈 준비를 하셨어요.

“엄마, 어디 가세요?”

“삼신할머니한테 기도하러 가는 거야. 동생 만들어 달라고.”

“나도 갈래요!”

석이는 동생이라는 말에 얼른 따라나섰어요.

새벽 산길은 춥고 으스스했어요.
엄마는 옹달샘 앞에 상을 차리고 기도했어요.
"비나이다. 비나이다. 아들이든 딸이든 아기 하나 더 주세요."
그사이 석이는 까무룩 잠이 들었어요.

"옳아. 이 정도 정성이면 됐어. 생명꽃밭에 다녀와야겠군."
문득 석이의 귓가에 낯선 목소리가 들려왔어요.
"삼신… 할머니세요?"
"흠, 비밀인데! 네 눈엔 내가 보이는 게냐?"
삼신할머니는 어디론가 바삐 떠나려 했어요.

"잠깐만요! 제 동생 좀 만들어 주세요. 네?"

"그렇잖아도 그럴 참이야. 기다려 봐."

삼신할머니는 휙 날아올랐어요.

삼신할머니의 옷자락을 잡고 있던 석이도 날아올랐지요.

삼신할머니는 산 넘고 구름 건너 생명꽃밭에 닿았어요.
생명꽃밭은 오색꽃으로 눈부셨어요.
"이야~"
얼결에 딸려 온 석이 입에서 탄성이 흘러나왔어요.
"어이쿠, 넌 왜 따라온 게냐?"

"삼신할머니, 여긴 왜 오셨어요?"
"생명꽃 고르러 왔지. 두 송이가 있어야 네 동생을 만들거든.
어디 보자, 어느 꽃이 으뜸일까?"
삼신할머니는 조심조심 꽃밭을 살폈어요.

석이도 동생을 생각하며 꽃밭을 구경했어요.
그러다 그만, 검은 꽃을 밟고 말았어요.
"앗!"
어떻게든 세우려 했지만, 꽃송이는 힘없이 쓰러졌어요.
'이렇게 많은데 하나쯤은 괜찮을 거야. 게다가 검은 꽃이잖아.'

그동안 삼신할머니는 하얀 꽃과 붉은 꽃을 골랐어요.
"드물게 잘 여문 꽃이다. 곱구나."
그러고는 서천골로 돌아와 그 꽃들을 엄마 머리에 얹어 주었어요.
"석아, 그만 자고 일어나! 집에 가야지."
엄마 목소리에 눈을 떠 보니, 삼신할머니는 보이지 않았어요.

그 일이 있고 나서 한 달이 지나자, 엄마는 입덧을 했어요.

"이런 경사가! 석이 동생 생겼구먼."

할머니는 삼신주머니에 햅쌀*을 그득 채우고 삼신상을 차렸어요.

"고맙습니다. 석이 어멈과 아기의 건강도 보살펴 주세요."

*햅쌀: 그 해에 새로 난 쌀.

엄마 배가 불러 갈수록 석이 마음도 한껏 부풀었어요.

'삼신할머니가 고른 꽃처럼 틀림없이 예쁜 동생일 거야.'

석이는 하루빨리 동생이 보고 싶었어요.

"엄마, 아기 언제 낳아요? 왜 이렇게 오래 걸려요?"

"그만 보채렴. 아기는 하루아침에 뚝딱 태어날 수 없단다."

"아기는 엄마 몸속에서
피 살려 백 일
뼈 살려 백 일
살 살려 백 일
삼백 일이 지나야 세상에 나오는 거야."

어느 봄날 아침이었어요.
"아이고 배야! 아이고 배야!"
엄마가 내지르는 소리에 온 집안이 발칵 뒤집혔답니다.
엄마는 점점 더 아픈 것 같았어요.
"석이 아빠! 어머님! 석아! 아이고…!"

석이는 문틈으로 방 안을 훔쳐보았어요.
그런데, 어느새 삼신할머니가 나타나
엄마 배를 어루만지는 것이 아니겠어요?

삼신할머니는 노래도 불러 주었어요.

"아가~ 아가~ 어서 빨리~ 세상으로~ 나가거라~"

그러고는 아기 엉덩이를 찰싹찰싹 때려 주었답니다.

건강하게 자라라고 찰싹!

용감한 사람 되라고 찰싹!

착한 일 많이 하라고 찰싹!

"응애~ 응애~ 응애~"
마침내 아기가 맑고 힘찬 울음을 터뜨렸어요.
엄마와 아기가 무사한 걸 보고
삼신할머니는 입가에 웃음을 지었어요.

아기가 태어나자, 아빠는 새끼줄에
소나무 가지와 숯을 엮어 대문 앞에 매달았어요.
"아빠, 이게 뭐예요?"

"금줄이란다. 병균이나 나쁜 귀신 들어오지 말라고 다는 거야.
동네 사람들도 금줄을 보면 조심하게 되지.
아기와 엄마가 건강하길 바라는 뜻이란다."

석이 할머니는 감사의 삼신상을 차렸어요.
따뜻한 미역국과 밥을 삼신할머니 상에 올린 다음,
엄마에게도 먹였지요.

그때 문틈으로 검은 그림자가 쓱 지나갔어요.
“헉! 누구지?”
놀란 석이 곁에 삼신할머니가 다가왔어요.

"저 할멈은 저승삼신이야. 아기가 태어날 때마다 기웃거려.
아기를 저승으로 데려가려고 기회를 엿보는 게야.
걱정 마라. 내가 있는 한, 어림없는 일이지."

저승삼신이 사라졌지만 석이는 불안했어요.
'혹시 검은 꽃을 망가뜨려서일까?'
생명꽃밭에서 저지른 실수도 떠올랐지요.

석이네는 아기 이름을 '문이'라고 지었어요.

문이는 백 일이 지나자 뒤집기도 하고 옹알이도 했어요.

"여보, 문이 엉덩이 좀 봐요. 어쩜, 멍까지도 이리 앙증맞아요!"

"그러게 말이오. 하하하!"

식구들은 밤낮 문이만 들여다보았지요.

이상한 일이었어요.
동생이 생기면 좋을 줄 알았는데
석이는 더욱 외톨이가 된 느낌이었어요.
'다 문이 때문이야. 저승삼신이 데려갔으면 좋겠어.'

그날 밤, 웬일인지 문이는 열이 펄펄 나고 거친 숨을 몰아쉬었어요.
할머니와 엄마는 치웠던 삼신상을 다시 차렸어요.
"삼신할머니! 노여움 푸시고 우리 문이 낫게 해 주세요."

그런데 기다리던 삼신할머니는 오지 않고
저승삼신이 불쑥 나타나지 않겠어요.
"아유~ 탐난다."
저승삼신은 자리까지 잡고 앉아 문이를 노려보았어요.

석이는 자기가 나쁜 생각을 해서 이런 일이 생긴 것만 같았어요.
"삼신할머니, 어디 계세요? 우리 문이 구해 주세요"

저승삼신이 석이를 비웃었어요.
"이히히~ 문이는 이제 내 거야. 날이 새면 내가 데려간다고!"
석이는 저승삼신이 문이를 데려갈까 봐 도무지 잠들 수 없었어요.

새벽 무렵, 석이는 잠결에 언뜻 다투는 소리를 들었어요.
"아니, 자네 정말 이럴 테야?"
삼신할머니가 저승삼신에게 호통을 치고 있었어요.
"난 억울해. 내가 뭐가 모자라서 저승삼신이냐고!"
"자네 마음 이해하네. 하지만 언제까지 갓난아기를 탐낼 셈인가!
더군다나 이 아기는 검은 꽃도 아니란 말일세."

"오호, 그래서 검은 꽃을 망가뜨린 거야?
내 꽃 망쳤으니 문이라도 내놔!"
"난 모르는 일이야. 검은 꽃을 심은 죄가 더 큰 걸 모르나?
문이는 오래 살 운명이니, 억지 쓰지 마."
시무룩하게 듣고 있던 저승삼신은
날이 밝아 오자 마지못해 총총 사라졌습니다.

삼신할머니가 문이 이마를 쓰다듬자
문이는 금세 열이 내리고 숨소리도 부드러워졌어요.
"고맙습니다. 할머니, 사실은 제가 검은 꽃을 망가뜨렸어요."
"그랬구먼. 저승삼신은 검은 꽃으로 만든 아기만 데려갈 수 있어.
생명꽃은 색마다 다른 운명을 지녔지. 모든 꽃은 소중한 법이야.
비록 검은 꽃이라 해도…."

“이젠 동생과 사이좋게 지낼게요. 헤헤.”
“다신 생명꽃밭에 따라오면 안 된다.”
삼신할머니는 치맛자락을 나부끼며 날아올랐어요.
쌔근쌔근 잠든 문이를 보며 석이는 속삭였어요.
“내 예쁜 동생아, 태어나 줘서 고마워!”

글 _ 정서하

삼신할머니를 쓰면서, 정말로 삼신할머니가 뿅 하고 나타나기를 기다렸다는 정서하 작가. 어린이를 위한 재미있는 책을 쓰고, 번역도 하고 있어요. 성균관대학교 교육대학원을 졸업했으며, '2006 한국안데르센상' 공모전에서 동화『병순이와 햄돌이』가 당선되면서 글을 쓰기 시작했어요. 지은 책으로는『대한민국 어린이들이 가장 궁금해하는 역사 질문 77』,『우리 고전에는 어떤 이야기가 담겨 있을까?』 등이 있습니다.

그림 _ 최보윤

그림을 그리려고 지구로 유학 왔다는 최보윤 작가. 자신만의 색깔로 그림을 그리고, 다양한 시도를 즐기는 상상력 풍부한 그림 작가랍니다. 2010년 보건복지부 웹툰 공모전 대상과 장관상, 2013년 KB창작동화제 대상을 받았어요. 그린 책으로는『함께라서 좋아! 우리는 가족』 등이 있습니다.

삼신할머니

융합논술 전통문화 그림책

초판 1쇄 발행 2026년 2월 3일

글 정서하 **그림** 최보윤
펴낸 곳 이룸아이 **펴낸이** 송수정
주소 경기도 광명시 일직로 43, GIDC B동 1305호
전화 02-373-0120 **팩스** 02-373-0121
출판 등록 2015. 10. 08.(제2015-000315호)
ISBN 979-11-88617-68-5 • 979-11-88617-16-6(세트)

www.eribook.com